LENE KNUDSEN
FOTOS VON RICHARD BOUTIN

SUPER EINFACH
KOCHEN MIT 3 - 6 ZUTATEN
SUPPEN

Librero

Inhalt

WINTERSUPPEN

Kürbis und Curry ... 1
Knollensellerie und Nüsse ... 2
Karotten und Orangen ... 3
Lauch und Kartoffeln ... 4
Süßkartoffeln und Pastinaken ... 5
Kastanien und Knollensellerie ... 6
Lauch und Parmesan ... 7
Champignoncreme ... 8
Zwiebelsuppe ... 9
Kartoffeln und Rosmarin ... 10
Eintopfsuppe (Pot-au-feu) ... 11
Grünkohl und Räucherspeck ... 12
Grünkohl und Basilikum ... 13
Weiße Minestrone ... 14
Brühe mit Bohnen ... 15
Kürbis und Ravioli ... 16
Karotten und Klößchen ... 17
Äpfel und Knollensellerie ... 18
Erbsen und Knollensellerie ... 19

SOMMERSUPPEN

Minestrone ... 20
Gazpacho ... 21
Tomaten, Oliven und Basilikum ... 22
Tomaten, Fenchel und Feta-Käse ... 23
Spinat und Kiri® ... 24
Artischockencreme ... 25
Sauerampfer und Basilikum ... 26
Pesto-Suppe ... 27
Zucchini und Pistou ... 28
Provenzalische Suppe ... 29
Gurken und Joghurt ... 30
Avocados, Zitrone und Kümmel ... 31
Spargel und Salbei ... 32
Grüne Suppe mit Radieschen ... 33
Karotten und Apfel ... 34

SUPPEN ALS VOLLSTÄNDIGE MAHLZEITEN

Chorizo und Zuckererbsen 35
Spargel, Schinken und Linsen 36
Brokkoli und Lachs 37
Miesmuscheln mit Sahne 38
Dorsch mit Linsen und Safran 39
Dorsch mit Wildreis 40
Krebse, Nudeln und Dill 41
Kalte Suppe mit Schellfisch 42

EXOTISCHE SUPPEN

Suppe mit Thai-Hühnchen und Kokos ... 43
Shrimps mit grünem Curry 44
Phô mit Rindfleisch 45
Blumenkohl, Kokos und Kümmel 46
Indische Suppe 47
Dorsch mit gelbem Curry 48
Chinesische Suppe 49
Ravioli mit rotem Curry 50
Miso-Suppe mit Champignons 51
Miso-Suppe mit Spargel 52
Ramen und Rüben 53
Spinat und Kokosmilch 54
Nudeln, Erbsen und Eier 55
Blattsalat, Ingwer und Kokos 56

DETOX-SUPPEN

Rote Bete und schwarzer Sesam 57
Karotten und Kurkuma 58
Artischocken und Rucola 59
Brokkoli und Ingwer 60
Knoblauch und Chinakohl 61

SÜSSE SUPPEN

Grapefruit und Granatapfel 62
Pflaumen und Feigen 63
Erdbeeren und grüne Zitrone 64
Ananas, Melone und Minze 65
Pfirsiche und Pistazien 66
Wassermelone und Brombeeren 67
Kirschen und Mandeln 68
Heidelbeeren und Erdbeeren 69

Heiß
servieren

Wintersuppe

1

Kürbis und Curry

In 15 Minuten vorbereitet

30 Minuten Kochzeit

Für 4 Personen

Kürbis
800 g

Currypulver
½ Teelöffel

Knoblauch
x 1 Zehe

Schnittlauch
x ½ Bund

Gemüsebrühe
1 l

Sesamöl
2 Esslöffel

- Den Kürbis schälen und in Würfel schneiden. Den Schnittlauch waschen und mit der Schere kleinschneiden. Den Knoblauch schälen und halbieren.
- Sesamöl, Curry und Knoblauch in einen großen Topf geben und 3 Minuten bei schwacher Hitze anbraten. Die Brühe hinzugießen und zum Kochen bringen. Dann für ca. 25 Minuten sieden lassen.
- Mit der Hälfte der Brühe mischen und nach und nach die gewünschte Konsistenz herstellen. Salzen, pfeffern und mit dem Schnittlauch bestreuen.

Heiß
servieren

2

Knollensellerie und Nüsse

Knollensellerie
850 g

Nüsse
30 g

Quinoa
100 g

Hühnerbrühe
1 l

In 15 Minuten vorbereitet

25 Minuten Kochzeit

Für 4 Personen

- Den Ofen auf 180 °C vorheizen. Die Nüsse auf ein mit Backpapier belegtes Backblech legen und für 8 Minuten in den Ofen geben. Die Sellerieknolle schälen und in Würfel schneiden.
- Die Brühe in einem großen Topf mit dem Knollensellerie 25 Minuten sieden lassen. Den Quinoa in einem Topf nach den Anweisungen auf der Verpackung kochen. Abgießen.
- Den Knollensellerie mit der Hälfte der Brühe mixen, salzen und pfeffern. In Schalen füllen und den Quinoa und die gerösteten Nüsse darauf verteilen.

Heiß
servieren

Karotten und Orangen

In 25 Minuten vorbereitet

20 Minuten Kochzeit

Für 4 Personen

Karotten
750 g

Orangen
x 2

Gemüsebrühe
1 l

Klößchen – natur
x 4

Schnittlauch
x ½ Bund

Butter
15 g

- Die Klößchen mit der Butter in einer Pfanne 10 Minuten anbraten.
- Die Karotten schälen und wie den Schnittlauch kleinschneiden. Die Orangen schälen und Filets daraus schneiden.
- Die Brühe mit den Karotten zum Kochen bringen und 20 Minuten auf kleiner Flamme sieden. Die Karotten und die Orangen mit 300 ml Brühe mixen und die gewünschte Konsistenz herstellen. Salzen und pfeffern.
- Die Klößchen und den Schnittlauch hinzufügen.

Heiß
servieren

Wintersuppe

4

Lauch und Kartoffeln

Kartoffeln
600 g

Lauch
400 g

Hühnerbrühe
1 l

Piment d'Espelette
x 1 Prise

gekochter Mais
x ½ Dose

Olivenöl
1 Schuss

In 15 Minuten vorbereitet

25 Minuten Kochzeit

Für 4 Personen

- Die Kartoffeln schälen und in Würfel von 2 x 3 cm schneiden. Den Lauch in feine Scheiben schneiden und vorsichtig waschen. Den Mais abtropfen lassen.
- Einen Schuss Olivenöl in einem großen Topf erhitzen.
- Den Lauch, die Kartoffeln und dann die Brühe und den Mais hinzugeben.
- 25 Minuten bei schwacher Hitze sieden lassen, bis das Gemüse weich ist.
- Mit Salz, Pfeffer und Piment d'Espelette (baskisches Chilipulver) würzen.

Heiß
servieren

Süßkartoffeln und Pastinaken

In 25 Minuten vorbereitet

25 Minuten Kochzeit

Für 4 Personen

Süßkartoffeln
800 g

Pastinaken
300 g

Gemüsebrühe
1 l

Erdnüsse
4 Esslöffel

Thymian
x 3 Stiele

grüne Puy-Linsen
100 g

- Die Linsen nach den Anweisungen auf der Verpackung bissfest kochen. Die Süßkartoffeln und die Pastinaken schälen und in Würfel schneiden. Die Erdnüsse in einer Pfanne rösten.
- Die Brühe mit den Süßkartoffeln, den Pastinaken und 2 Stielen Thymian in einem großen Topf aufkochen und 20 – 25 Minuten sieden lassen.
- Mit der Hälfte der Brühe mixen und nach und nach die gewünschte Konsistenz herstellen. Salzen und pfeffern.
- Mit den Linsen und den gerösteten Erdnüssen in Schalen gießen.

Heiß
servieren

6

Kastanien und Knollensellerie

In 20 Minuten vorbereitet

25 Minuten Kochzeit

Für 4 Personen

gekochte Kastanien
200 g

Knollensellerie
550 g

Zwiebel
x 1

Gemüsebrühe
1 l

Petersilie
x 3 Stiele

- Die Sellerieknolle schälen und in Würfel schneiden. Die Zwiebel schälen und in dünne Scheiben schneiden. Die Petersilie waschen und in große Stücke schneiden.
- Die Brühe in einem großen Topf mit dem Knollensellerie aufkochen und 20 Minuten sieden lassen. 5 Minuten vor Ende der Kochzeit die Kastanien hinzugeben.
- Mit 400 ml Brühe mixen, salzen, pfeffern. Nach und nach Brühe hinzufügen, um die gewünschte Konsistenz zu erhalten.
- In Schalen gießen. Mit Petersilie und in Würfel geschnittenen Kastanien bestreuen.

Heiß
servieren

7

Lauch und Parmesan

Lauch
500 g

Hühnerbrühe
1,2 l

Parmesan
50 g

Kerbel
x 4 Stiele

Currypulver
1 Teelöffel

Olivenöl
1 Schuss

In 15 Minuten vorbereitet

20 Minuten Kochzeit

Für 4 Personen

- Den Ofen auf 200 °C vorheizen. Auf ein mit Backpapier belegtes Backblech 8 Scheiben aus geriebenem Parmesan streuen. 10 Minuten backen. Den Lauch in dünne Scheiben schneiden und waschen.
- Einen Schuss Olivenöl in einen großen Topf geben und den Curry und den Lauch hinzugeben, mischen und 5 Minuten bei schwacher Hitze anbraten.
- Die heiße Brühe hinzufügen und 15 Minuten kochen lassen. Salzen und pfeffern.
- Verteilen und mit den Parmesanchips servieren.

Heiß
servieren

Champignoncreme

In 15 Minuten vorbereitet

30 Minuten Kochzeit

Für 4 Personen

Champignons
450 g

Kartoffeln
350 g

Kochsahne
40 ml

Hühnerbrühe
1 l

Petersilie
x 3 Stiele

Brot
x 4 kleine Scheiben

- Die Champignons waschen, die Stiele entfernen und die Köpfe vierteln. Die Kartoffeln schälen und in Würfel schneiden.
- Die Brühe in einem großen Topf mit den Kartoffeln und den Champignons aufkochen und 25 Minuten sieden lassen.
- Sehr kurz mit der Hälfte des Kochwassers und der Sahne mixen.
- Salzen, pfeffern und nach Bedarf weiteres Kochwasser hinzufügen. Die Petersilie darüberstreuen und mit dem gerösteten Brot servieren.

Heiß
servieren

9

Zwiebelsuppe

In 15 Minuten vorbereitet

35 Minuten Kochzeit

Für 4 Personen

Zwiebeln
600 g

Knoblauch
x ½ Zehe

Dijon-Senf
1 Teelöffel

Hühnerbrühe
1,2 l

frischer Thymian
x 5 Stiele

Butter
30 g

- Die Zwiebeln schälen und in kleine Stücke schneiden.
- Die Butter in einem großen Topf schmelzen.
- Die Zwiebeln hinzugeben und den Knoblauch hineinpressen, dann 10 Minuten bei schwacher Hitze und häufigem Umrühren sieden lassen.
- Die Brühe, die Thymianstiele und den Senf hinzugeben und noch 25 Minuten bei schwacher Hitze sieden lassen. Salzen und pfeffern.

Heiß
servieren

10

Kartoffeln und Rosmarin

In 15 Minuten zubereitet

30 Minuten Kochzeit

Für 4 Personen

Kartoffeln
850 g

Zwiebel
x 1 kleine

Hühnerbrühe
1 l

frischer Rosmarin
x 3 Stiele

Olivenöl
1 Schuss

- Die Zwiebel schälen und in kleine Stücke schneiden. Die Kartoffeln schälen und in Stücke von ca. 2 x 3 cm schneiden.
- Einen Schuss Olivenöl und die Zwiebelstücke in einen großen Topf geben und für 3 Minuten bei schwacher Hitze unter Rühren dünsten.
- Die Kartoffeln, die heiße Brühe und die Rosmarinstiele hinzufügen. Etwa 25 Minuten sieden lassen, bis die Kartoffeln weich sind. Salzen und pfeffern.

Heiß
servieren

Eintopfsuppe (Pot-au-feu)

In 10 Minuten vorbereitet

30 Minuten Kochzeit

Für 4 Personen

Erbsen
100 g

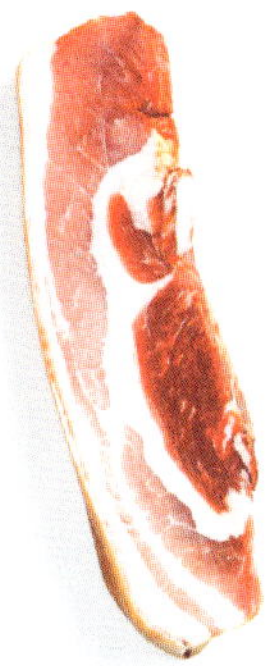

Räucherspeck
300 g

Karotten
200 g

frischer Thymian
x 5 Stiele

Zwiebel
x 1

Gemüsebrühe
1 l

- Die Zwiebel schälen und in feine Scheiben schneiden. Den Speck in Stücke schneiden. Die Karotten waschen und schaben.
- Die Brühe in einen großen Topf gießen, die Zwiebeln, den Räucherspeck, die Karotten und den Thymian hinzugeben.
- Aufkochen und ca. 25 Minuten sieden lassen.
- Fünf Minuten vor Ende der Kochzeit die Erbsen hinzufügen. Salzen und pfeffern.

Heiß
servieren

12

Grünkohl und Räucherspeck

In 10 Minuten vorbereitet

20 Minuten Kochzeit

Für 4 Personen

Grünkohl
600 g

Räucherspeck
150 g

Zwiebel
x 1 kleine

Gemüsebrühe
1 l

eingedickte Crème fraîche
40 ml

Dijon-Senf
1 Teelöffel

- Den Speck 10 Minuten in einer Pfanne anbraten, bis er knusprig ist.
- Die Zwiebel schälen und in kleine Würfel schneiden. Die ersten Blätter des Kohls entfernen und den Rest in große Stücke schneiden.
- Die Brühe in einem großen Topf aufkochen, dann den Kohl, die Zwiebeln und den Senf hinzufügen. 15 Minuten bei schwacher Hitze sieden lassen. Den Speck hinzufügen, salzen und pfeffern.
- In Schalen gießen und nach Geschmack ein wenig Crème fraîche hinzufügen.

Heiß
servieren

13

Grünkohl und Basilikum

In 10 Minuten vorbereitet

25 Minuten Kochzeit

Für 4 Personen

Grünkohl
500 g

Basilikum
x 10 Blätter

Karottengrün
100 g

Hühnerbrühe
1 l

geriebener Gruyère
x 1 kleine Handvoll

Brot
x 4 kleine Scheiben

- Die Karotten waschen. Die ersten Blätter des Kohls entfernen und den Rest in große Stücke schneiden.
- Die Brühe mit den Karotten in einem großen Topf aufkochen. Den Kohl hinzufügen und ca. 20 Minuten bei mittlerer Hitze sieden lassen.
- Salzen, pfeffern. Brotscheiben beigeben und mit Gruyère (Greyerzer) und Basilikumblättern bestreuen.

Heiß
servieren

Weiße Minestrone

In 10 Minuten vorbereitet

20 Minuten Kochzeit

Für 4 Personen

Blumenkohl
400 g

Parmesan
50 g

Makkaroni
100 g

Parmaschinken
x 4 Scheiben

Hühnerbrühe
600 ml

Kochsahne
150 ml

- Den Ofen auf 180 °C vorheizen. Den Parmesan reiben. Röschen vom Blumenkohl zupfen.
- Den Schinken auf ein mit Backpapier belegtes Backblech legen. 8 – 10 Minuten backen.
- Die Sahne und den Parmesan in einen großen Topf geben. Bei schwacher Hitze unter Rühren schmelzen und dann die Brühe, die Nudeln und die Blumenkohl-Röschen hinzugeben. Aufkochen und 15 Minuten sieden lassen, bis der Blumenkohl weich ist. Salzen und pfeffern.
- Mit dem krossen Schinken in Schalen servieren.

Heiß
servieren

Brühe mit Bohnen

In 15 Minuten vorbereitet

25 Minuten Kochzeit

Für 4 Personen

weiße Bohnen in der Dose
240 g

Rosenkohl
300 g

Hühnerbrühe
1 l

Zwiebel
x 1 große

Olivenöl
2 Schuss

Petersilie
x 4 Stiele

- Die Zwiebel schälen und in dünne Scheiben schneiden. In einer Pfanne mit einem Schuss Olivenöl 10 Minuten bei mittlerer Hitze anbraten. Zur Seite legen.
- In derselben Pfanne den Rosenkohl mit einem Schuss Olivenöl anbräunen. Salzen und pfeffern.
- Die Brühe in einem großen Topf aufkochen. Den Kohl und die abgetropften weißen Bohnen hinzugeben und 5 Minuten sieden lassen. Salzen und pfeffern.
- In Schalen verteilen und mit Zwiebeln und Petersilie dekorieren.

Heiß
servieren

Kürbis und Ravioli

In 20 Minuten vorbereitet

30 Minuten Kochzeit

Für 4 Personen

Kürbis
1 kg

Ravioli
x 4 Platten

Schnittlauch
x ½ Bund

geriebener Gruyère
x 1 Handvoll

Gemüsebrühe
1 l

Zwiebel
x 1

- Die Ravioli nach den Anweisungen auf der Verpackung kochen. Abgießen.
- Den Kürbis schälen und in Würfel schneiden. Schnittlauch und Zwiebel fein schneiden.
- Die Brühe in einem großen Topf mit der Zwiebel und dem Kürbis aufkochen und 25 Minuten sieden lassen. Mit der Hälfte der Brühe mixen und nach und nach die gewünschte Konsistenz herstellen.
- Salzen, pfeffern, die Ravioli, den Schnittlauch und den Gruyère (Greyerzer) hinzufügen.

Heiß
servieren

Wintersuppe

17

Karotten und Klößchen

In 25 Minuten vorbereitet

15 Minuten Kochzeit

Für 4 Personen

Klößchen – natur
x 3

tiefgekühlte Erbsen
100 g

Karotten
400 g

Frühlingszwiebeln
x 2

Gemüsebrühe
1 l

Parmesan
50 g

- Die Klößchen 8 – 10 Minuten mit Butter in einer Pfanne bei schwacher Hitze goldgelb anbraten. In Scheiben schneiden.
- Die Zwiebeln waschen und in feine Scheiben schneiden. Den Parmesan reiben. Die Karotten schälen und dann fein hobeln.
- Die Brühe in einem großen Topf aufkochen, dann die Karotten hinzufügen und 8 Minuten sieden lassen. Die Klößchen, die Erbsen und die Zwiebeln hinzufügen und 5 Minuten sieden lassen. Salzen und pfeffern. In Schalen gießen und mit dem Parmesan bestreuen.

Heiß
servieren

18

Äpfel und Knollensellerie

In 25 Minuten vorbereitet

20 Minuten Kochzeit

Für 4 Personen

rote Äpfel
x 2

Knollensellerie
700 g

Gemüsebrühe
1 l

Kerbel
x 4 Stiele

Parmesan
25 g

- Den Parmesan reiben. Auf ein mit Backpapier belegtes Backblech 8 Scheiben aus geriebenem Parmesan streuen und bei 180 °C für 12 – 15 Minuten in den Ofen geben. Die Äpfel und die Sellerieknolle schälen und in Würfel schneiden.
- Die Brühe in einem großen Topf mit dem Knollensellerie und den Äpfeln aufkochen und 20 Minuten sieden lassen. Mit 400 ml Brühe mixen und nach und nach die gewünschte Konsistenz herstellen. Salzen und pfeffern.
- In Schalen gießen, mit Kerbel bestreuen und mit den Parmesanchips servieren.

Heiß
servieren

Erbsen und Knollensellerie

In 15 Minuten vorbereitet

20 Minuten Kochzeit

Für 4 Personen

tiefgekühlte Erbsen
450 g

Knollensellerie
400 g

Minze
x 10 Blätter

Feta-Käse
60 g

Gemüsebrühe
1 l

Olivenöl
1 Schuss

○ Die Sellerieknolle schälen und in Würfel schneiden. Den Feta-Käse zerkrümeln. Die Minze waschen und mit der Schere kleinschneiden.

○ Die Brühe in einem großen Topf mit dem Knollensellerie aufkochen und 20 Minuten sieden lassen. Fünf Minuten vor Ende der Kochzeit die Erbsen hinzufügen.

○ 50 g der Erbsen zurückbehalten und den Rest mit 250 ml Brühe mixen und dann in die gewünschte Konsistenz bringen. Salzen und pfeffern. In Schalen gießen und den Feta-Käse, die restlichen Erbsen, die geschnittene Minze und einen Schuss Olivenöl hinzufügen.

Heiß
servieren

Sommersuppe

20

Minestrone

Karotten mit Grün
300 g

Rigatoni
80 g

Parmaschinken
x 4 Scheiben

Blattspinat
x 1 Handvoll

geriebener Parmesan
4 Esslöffel

Gemüsebrühe
1 l

In 25 Minuten vorbereitet

20 Minuten Kochzeit

Für 4 Personen

- ○ Den Schinken auf ein mit Backpapier belegtes Backblech legen und bei 180 °C für 10 – 15 Minuten in den Ofen geben. Die Karotten schälen und in Scheiben schneiden.
- ○ Die Brühe in einem großen Topf mit den Karotten aufkochen und 5 Minuten sieden lassen. Die Nudeln hinzufügen und dann 10 Minuten kochen lassen. Die Spinatblätter hinzufügen und noch 2 Minuten kochen lassen.
- ○ Den krossen Schinken hinzufügen, salzen, pfeffern und mit Parmesan bestreuen.

Kalt
servieren

Sommersuppe

21

Gazpacho

- In 25 Minuten vorbereitet
- 25 Minuten Kochzeit
- 2 Stunden im Kühlschrank
- Für 4 Personen

Tomaten
1 kg

grüne Paprika
x 1

Gurke
x 1 kleine

Kümmelpulver
1 Teelöffel

Apfelessig
1 Esslöffel

Knoblauch
x 2 kleine Zehen

- Tomaten, Gurke und Paprika in sehr kleine Würfel schneiden. Den Knoblauch halbieren.
- Die Tomaten und den Knoblauch in einen großen Topf geben. Aufkochen und 25 Minuten sieden lassen.
- Die Tomaten, ein Drittel des Paprikas, den Kümmel und den Essig mixen. In eine große Schale gießen, 200 ml Wasser hinzufügen und 2 Stunden kaltstellen.
- Salzen, pfeffern, mit dem restlichen Paprika und der Gurke in Schalen gießen.

Kalt
servieren

Sommersuppe

22

Tomaten, Oliven und Basilikum

In 20 Minuten vorbereitet

Ohne Kochen

1 Stunde im Kühlschrank

Für 4 Personen

Tomaten
1 kg

grüne Oliven ohne Kerne
50 g

Knoblauch
x ½ Zehe

Basilikum
x 10 Blätter

Baguette
x 4 Scheiben

Olivenöl
1 Schuss

- Die Tomaten waschen, mit einem Messer schälen und in Stücke schneiden.
- Die Tomaten mit den grünen Oliven, dem Knoblauch, ein paar Blättern Basilikum und einem Schuss Olivenöl mixen. Salzen und pfeffern. 1 Stunde in den Kühlschrank stellen.
- In Schalen gießen, mit ein paar Blättern Basilikum bestreuen und mit Brot servieren.

Kalt
servieren

Tomaten, Fenchel und Feta-Käse

In 20 Minuten vorbereitet

25 Minuten Kochzeit

2 Stunden im Kühlschrank

Für 4 Personen

Tomaten
1 kg

Tomatenmark
70 g

Gemüsebrühe
500 ml

Fenchel
300 g

Feta-Käse
60 g

Schnittlauch
x ½ Bund

- Die Tomaten schälen und in kleine Stücke schneiden. Den Fenchel waschen und in Würfel schneiden. Schnittlauch schneiden, Feta zerkrümeln.
- Die Tomatenwürfel, das Tomatenmark und den Fenchel in einen großen Topf geben, aufkochen und 20 – 25 Minuten sieden lassen.
- Mit der Brühe mixen und nach und nach die gewünschte Konsistenz herstellen. Salzen und pfeffern. 2 Stunden in den Kühlschrank stellen. Mit dem Feta und dem Schnittlauch in Schalen gießen.

Kalt
servieren

Sommersuppe

24

Spinat und Kiri®

Spinat
400 g

Kiri®
8 Portionen

Quinoa
150 g

Hühnerbrühe
1 l

Mandelplättchen
4 Esslöffel

In 5 Minuten vorbereitet

5 Minuten Kochzeit

Für 4 Personen

- Den Ofen auf 180 °C vorheizen. Die Mandeln auf ein mit Backpapier belegtes Backblech legen und für 5 Minuten in den Ofen geben. Den Quinoa nach den Anweisungen auf der Verpackung kochen. Abgießen.
- Die Brühe in einem großen Topf mit dem Spinat aufkochen und 5 Minuten sieden lassen. Mit etwas mehr als der Hälfte der Brühe und dem Kiri® (Schmelzkäse mit Sahne) mixen. Salzen und pfeffern.
- In Schalen gießen und den Quinoa und die gerösteten Mandeln darauf verteilen.

Heiß
servieren

Artischocken mit Sahne

In 10 Minuten vorbereitet

10 Minuten Kochzeit

Für 4 Personen

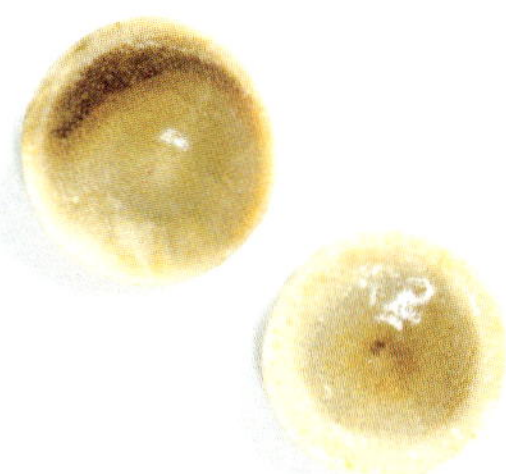

tiefgekühlte Artischocken-
böden
500 g

Hühnerbrühe
1 l

trockener Weißwein
50 ml

eingedickte Crème fraîche
2 Esslöffel

frische Petersilie
x 3 Stiele

Brot
x 4 Scheiben

- Die Brotscheiben rösten und in Würfel schneiden. Die Artischockenböden auftauen und in Würfel schneiden.
- Die Brühe mit dem Weißwein und den Artischockenböden in einem großen Topf aufkochen und 5 Minuten sieden lassen. Mit der Hälfte der Brühe mixen und nach und nach die gewünschte Konsistenz herstellen. Salzen und pfeffern.
- In Schalen gießen. Mit der grob gehackten Petersilie und den Croutons bestreuen. Nach Geschmack die Crème fraîche hinzufügen.

Heiß
servieren

Sauerampfer und Basilikum

In 15 Minuten vorbereitet

30 Minuten Kochzeit

Für 4 Personen

tiefgekühlter Sauerampfer
400 g

Zwiebel
x 1 kleine

Kartoffeln
400 g

Gemüsebrühe
1 l

Basilikum
x 10 Blätter

Pinienkerne
4 Esslöffel

- Den Sauerampfer auftauen. Die Pinienkerne 4 – 5 Minuten in einer Pfanne ohne Öl bei mittlerer Hitze rösten. Die Kartoffeln und die Zwiebeln schälen und in Würfel schneiden.
- Die Brühe in einem großen Topf mit den Kartoffeln und der Zwiebel aufkochen und 25 Minuten sieden lassen.
- Mit der Hälfte der Brühe kurz mixen und nach und nach die gewünschte Konsistenz herstellen.
- Salzen, pfeffern und mit Basilikumblättern und Pinienkernen bestreuen.

Heiß oder kalt
servieren

Pesto-Suppe

In 25 Minuten vorbereitet

5 Minuten Kochzeit

Für 4 Personen

Basilikum
x 1 großer Bund

Parmesan
50 g

Pinienkerne
50 g

Olivenöl
120 ml

Knoblauch
x 1 kleine Zehe

Gemüsebrühe
600 ml

- Die Pinienkerne 4 Minuten in einer Pfanne rösten. Den Parmesan reiben. Den Knoblauch schälen und in kleine Stücke schneiden. Das Basilikum waschen und in große Stücke schneiden.
- Das Basilikum (bis auf ein paar Blätter), das Olivenöl, den Knoblauch, die Pinienkerne (bis auf ein paar) und 40 g fein geriebenen Parmesan mixen. Salzen und pfeffern. Die Brühe aufkochen und über das Pesto gießen. Brühe hinzufügen, wenn die Suppe zu scharf ist.
- In Schalen gießen. Mit Pinienkernen, dem Parmesan und dem restlichen Basilikum bestreuen.

Heiß servieren

Sommersuppe

Zucchini und Pistou

Zucchini
1 kg

Gemüsebrühe
1 l

Pistou
4 Esslöffel

eingedickte Crème fraîche
60 ml

Kerbel
x 4 Stiele

In 15 Minuten vorbereitet

20 Minuten Kochzeit

Für 4 Personen

- Die Zucchini waschen und in Scheiben schneiden. Die Brühe mit den Zucchini in einem großen Topf aufkochen und dann 15 Minuten bei schwacher Hitze sieden lassen.
- Die Zucchinischeiben mit einer kleinen Menge Brühe (ca. 200 ml) mixen. Salzen, pfeffern, Sahne hinzufügen und umrühren.
- In Schalen gießen, jeweils 1 Esslöffel Pistou hinzugeben und mit dem Kerbel bestreuen.
- Pistou ist eine kalte Sauce der provenzalischen Küche, ein französisches Pesto.

Heiß

servieren

Provenzalische Suppe

Zucchini
900 g

Aubergine
x 1

Feta-Käse
40 g

Kräuter der Provence
2 Teelöffel

Olivenöl
1 Schuss

Gemüsebrühe
1 l

In 25 Minuten vorbereitet

20 – 25 Minuten Kochzeit

Für 4 Personen

- Die Aubergine waschen und in Würfel schneiden. Auf einem Blech verteilen, mit Olivenöl übergießen, salzen und pfeffern. Für 25 Minuten bei 180 °C in den Ofen geben. Die Zucchini waschen und in Scheiben schneiden.
- Die Brühe in einem großen Topf mit den Zucchini aufkochen und 20 Minuten sieden lassen. Die Zucchini mit 200 ml Brühe mixen und nach und nach die gewünschte Konsistenz herstellen. Die Kräuter der Provence hinzufügen, salzen und pfeffern.
- In Schalen verteilen, mit Feta und Auberginenwürfeln dekorieren.

Kalt
servieren

Gurken und Joghurt

Gurken
x 2

Joghurt
x 2 Becher

Dill
x 6 Stiele

Olivenöl
1 Schuss

Brot
ein paar Scheiben

In 15 Minuten vorbereitet

Ohne Kochen

1 Stunde im Kühlschrank

Für 4 Personen

- Die Gurken waschen und in kleine Würfel schneiden.
- Die Gurkenwürfel mit Joghurt, 2 Stielen Dill und einem Schuss Olivenöl mixen. Salzen und pfeffern. 1 Stunde in den Kühlschrank stellen.
- Die Suppe in Schalen gießen, mit dem restlichen Dill bestreuen, einen Schuss Öl hinzufügen und mit Brot servieren.

Kalt
servieren

31

Avocados, Zitrone und Kümmel

Gurken
x 2

Avocados
x 2 kleine

grüne Zitrone
x 1

Kümmelpulver
1 Teelöffel

Minze
x 3 Stiele

Olivenöl
1 Schuss

In 15 Minuten vorbereitet

Ohne Kochen

2 Stunden im Kühlschrank

Für 4 Personen

- Die Gurken schälen und in Würfel schneiden. Die Avocados halbieren, schälen, die Kerne entfernen und das Fleisch in Stücke schneiden. Die grüne Zitrone pressen. 10 Blätter Minze waschen und mit der Schere kleinschneiden.
- Die Gurken und die Avocados in einem Mixer vermengen, den Zitronensaft, den Kümmel und die Minze hinzugeben. 350 ml Wasser hinzugießen und nach und nach die gewünschte Konsistenz herstellen. 2 Stunden in den Kühlschrank stellen.
- In Schalen verteilen und Minze und Olivenöl hinzufügen.

Heiß
servieren

Spargel und Salbei

In 15 Minuten vorbereitet

25 Minuten Kochzeit

Für 4 Personen

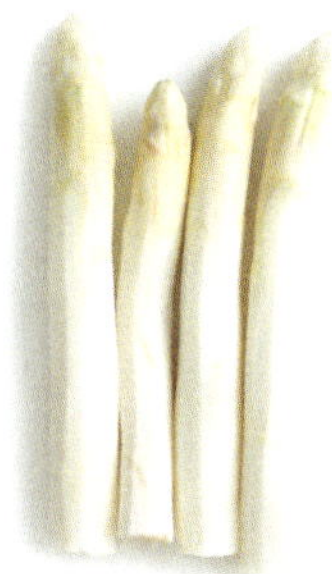

weißer Spargel
900 g

Salbei
x 4 Blätter

tiefgekühlte Erbsen
80 g

Gemüsebrühe
1 l

Parmesan
30 g

- Den Spargel schälen, die Stiele unten abschneiden und dann in Stücke schneiden. Den Parmesan reiben. Die Erbsen 5 Minuten in kochendem Wasser ziehen lassen. Abgießen.
- Die Brühe, die Salbeiblätter und den Spargel in einen großen Topf geben. Aufkochen und dann 20 Minuten sieden lassen, bis der Spargel weich ist.
- Mit 300 ml Brühe mixen und nach und nach die gewünschte Konsistenz herstellen. Die Erbsen und den Parmesan hinzufügen, salzen und pfeffern.

Heiß oder kalt
servieren

Grüne Suppe mit Radieschen

Gemüsebrühe
600 ml

Petersilie
x ½ großer Bund

Avocados
x 2

Rucola
x 1 große Handvoll

Zitrone
x 1

rote Radieschen
x 4

In 20 Minuten vorbereitet

5 Minuten Kochzeit

Für 4 Personen

- Die Zitrone pressen. Den Rucola und die Petersilie waschen. Die Avocados halbieren, schälen, die Kerne entfernen und das Fleisch in Stücke schneiden. Die Radieschen waschen und in dünne Scheiben schneiden.
- Die Brühe aufkochen. Die Avocados, 3 Esslöffel Zitronensaft, die Petersilie, den Rucola (bis auf ein paar Blätter) und 500 ml Brühe in einem Mixer mischen. Salzen, pfeffern und nach Bedarf die restliche Brühe hinzugeben.
- In Schalen gießen und Radieschenscheiben und ein paar Blätter Rucola hinzugeben.

Heiß

servieren

Sommersuppe

34

Karotten und Äpfel

Karotten
700 g

rote Äpfel
x 1½

Gemüsebrühe
1 l

Kürbiskerne
4 Esslöffel

In 25 Minuten vorbereitet

25 Minuten Kochzeit

Für 4 Personen

- Die Karotten schälen und in dünne Scheiben schneiden. Die Äpfel schälen und in große Würfel schneiden. Die Kürbiskerne 6 – 8 Minuten in einer Pfanne bei mittlerer Hitze rösten.
- Die Brühe mit den Karotten und den Apfelwürfeln in einem großen Topf aufkochen und 20 – 25 Minuten sieden lassen, bis alles weich ist.
- Mit 250 ml Brühe mixen und nach und nach die gewünschte Konsistenz herstellen. Salzen, pfeffern und mit den Kürbiskernen bestreuen.

Heiß
servieren

35

Chorizo und Zuckererbsen

In 10 Minuten vorbereitet

10 Minuten Kochzeit

Für 4 Personen

weiße Bohnen in der Dose
240 g

Zuckererbsen
100 g

rote Paprika
x 1

Chorizo
50 g

Mais aus der Dose
200 g

Hühnerbrühe
1 l

- Die Paprika waschen und in feine Streifen schneiden. Die Chorizo in Scheiben und dann in kleine Würfel schneiden. Die weißen Bohnen und den Mais waschen und abgießen.
- Die Brühe in einem großen Topf mit der Paprika und den Chorizo-Stücken aufkochen. Die Zuckererbsen, den Mais und die weißen Bohnen hinzufügen. 5 Minuten sieden lassen, salzen und pfeffern.

Heiß
servieren

36

Spargel, Schinken und Linsen

In 20 Minuten vorbereitet

20 Minuten Kochzeit

Für 4 Personen

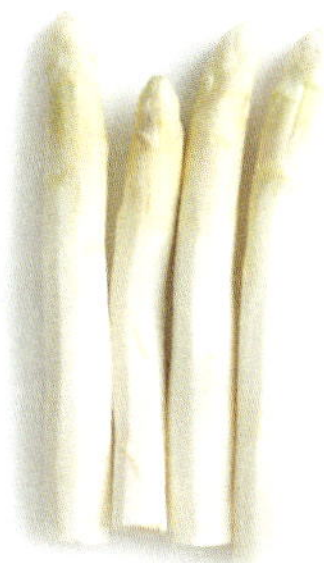

weißer Spargel
700 g

Parmaschinken
x 4 Scheiben

Korallenlinsen
80 g

Gemüsebrühe
1 l

Kochsahne
150 ml

Petersilie
x 3 Stiele

- Die Korallenlinsen nach den Anweisungen auf der Verpackung kochen. Den Spargel schälen, die harten Teile entfernen, den Rest in Scheiben schneiden. Die Brühe mit dem Spargel aufkochen und 20 Minuten sieden lassen.
- Die Schinkenscheiben auf einem mit Backpapier belegten Backblech für 15 Minuten bei 200 °C in den Ofen geben.
- Den Spargel mit 300 ml Brühe, zwei Stielen Petersilie und der Sahne mixen, salzen und pfeffern. Mit den Linsen in Schalen gießen. Den krossen Schinken und die restliche gehackte Petersilie hinzufügen.

Heiß
servieren

Brokkoli und Lachs

In 20 Minuten vorbereitet

20 – 25 Minuten Kochzeit

Für 4 Personen

Kartoffeln
700 g

Brokkoli
400 g

Gemüsebrühe
1 l

Lachsfilet
250 g

Schnittlauch
x ½ Bund

Sesamöl
3 Esslöffel

- Die Kartoffeln schälen und in Würfel schneiden. Röschen vom Brokkoli zupfen. Das Lachsfilet in Viertel schneiden. Den Schnittlauch waschen und mit der Schere kleinschneiden.
- Die Brühe in einem Topf mit den Kartoffeln aufkochen und 12 – 15 Minuten sieden lassen. Die Kartoffeln mit einem Schaumlöffel herausnehmen. Den Lachs 9 Minuten in der Brühe kochen. 5 Minuten vor Ende der Kochzeit den Brokkoli hinzugeben.
- Alles auf Schalen verteilen, salzen und pfeffern. Den Schnittlauch und einen Schuss Sesamöl hinzufügen.

Heiß
servieren

Miesmuscheln mit Sahne

In 20 Minuten vorbereitet

20 – 25 Minuten Kochzeit

Für 4 Personen

Miesmuscheln
1 kg

Kochsahne
150 ml

Petersilie
x 5 Stiele

Zwiebel
x 1

trockener Weißwein
300 ml

Butter
60 g

- Die Zwiebel und die Petersilie kleinschneiden. Die Miesmuscheln waschen.
- 1 l Wasser in einem großen Topf zum Kochen bringen, die Miesmuscheln darin 5 – 8 Minuten sieden lassen, dann herausnehmen.
- Die Zwiebel in einem Topf für 5 Minuten in Butter anrösten. Den Wein hinzufügen und zu einem Drittel einreduzieren lassen, dann 400 ml Kochwasser der Miesmuscheln hinzufügen. Die Sahne, die Petersilie und die Miesmuscheln hinzufügen, salzen, pfeffern und ca. 5 Minuten sieden lassen.

Heiß

servieren

Dorsch mit Linsen und Safran

In 20 Minuten vorbereitet

15 Minuten Kochzeit

Für 4 Personen

Dorschrücken
400 g

Safran
x 1 Döschen

trockener Weißwein
100 ml

Kochsahne
150 ml

Fischfond
800 ml

grüne Puy-Linsen
80 g

- Die Linsen nach den Anweisungen auf der Verpackung kochen. Den Fisch in vier Stücke schneiden.
- Die Brühe in einem großen Topf aufkochen, dann den Wein hinzufügen und 5 Minuten leicht einreduzieren lassen. Die Sahne und den Safran hinzufügen und umrühren. Den Dorsch hinzufügen und 9 – 10 Minuten sieden lassen: Der Fisch zerfällt in Scheiben. Salzen und pfeffern.
- In Schalen gießen und die Linsen darauf verteilen.

Heiß

servieren

40

Dorsch mit Wildreis

In 20 Minuten vorbereitet

15 Minuten Kochzeit

Für 4 Personen

Mangold
400 g

Dorschrücken
400 g

Wildreis
80 g

Zuckererbsen
x 1 Handvoll

Fischfond
1 l

Zitrone
x ½

- Den Wildreis nach den Anweisungen auf der Verpackung kochen. Die Mangoldblätter waschen und in Stücke schneiden (die harte und faserige Seite entfernen). Von der halben Zitrone Zesten schaben. Den Fisch in zwei Stücke schneiden.
- Die Brühe in einem großen Topf aufkochen. Den Fisch hinzufügen und 4 Minuten sieden lassen. Dann den Mangold und die Zuckererbsen hinzufügen und ca. 8 Minuten sieden lassen. Mit Salz, Pfeffer und den Zesten der Zitrone würzen.

Heiß
servieren

Krebse, Nudeln und Dill

In 15 Minuten vorbereitet

17 Minuten Kochzeit

Für 4 Personen

Krebsfleisch
100 g

Risoni
120 g

Krustentierfond
1 l

Kirschtomaten
200 g

Mais aus der Dose
140 g

Dill
x 3 Stiele

- Die Kirschtomaten waschen. Die Maiskörner abtropfen lassen.
- Die Brühe in einem großen Topf aufkochen. Die Nudeln und die Kirschtomaten hinzufügen und für 12 Minuten sieden lassen. Die Haut der Tomaten abziehen.
- Den Krebs in Stücken sowie die Maiskörner hinzufügen und noch 5 Minuten sieden lassen. Salzen, pfeffern und mit kleingeschnittenen Dillstielen in Schalen verteilen.

Kalt

servieren

Kalte Suppe mit Schellfisch

In 25 Minuten vorbereitet

25 Minuten Kochzeit

2 Stunden Ruhezeit

Für 4 Personen

Geräuchertes Schellfischfilet
100 g

Gemüsebrühe
600 ml

Kochsahne
200 ml

Dill
x 3 Stiele

Gurke
x ½

Kartoffeln
500 g

- Den Schellfisch und die geschälte Gurke in Würfel schneiden. Die Kartoffeln schälen und in Würfel schneiden. 20 – 25 Minuten in der Brühe sieden. Die Hälfte der Kartoffeln herausnehmen und die anderen mit der Brühe in den Topf zerquetschen.
- Die Sahne mit der Hälfte des Schellfischs 10 Minuten erhitzen. Mixen. Über die gequetschten Kartoffeln gießen und umrühren. 2 Stunden kaltstellen.
- Mit den restlichen Kartoffeln und dem Fisch, dem geschnittenen Dill und der Gurke auf Schalen verteilen.

Heiß
servieren

Suppe mit Thai-Hühnchen und Kokos

In 15 Minuten vorbereitet

15 Minuten Kochzeit

Für 4 Personen

Hühnerfilets
x 2

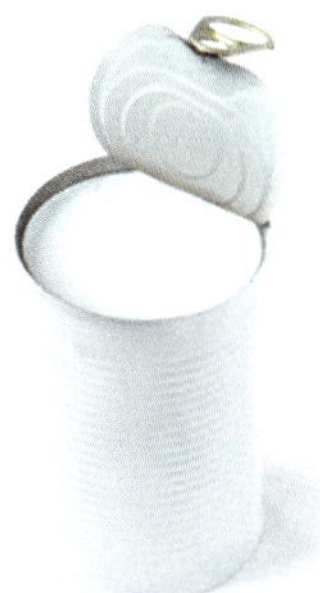

Kokosmilch
300 ml

Hühnerbrühe
500 ml

Nuoc-Mâm-Sauce
2 Esslöffel

rote Peperoni
x 1 kleine

Frühlingszwiebeln
x 2

- Das Hühnchen in Stücke schneiden, die Peperoni in feine Scheiben und auch die Frühlingszwiebeln in feine Stücke schneiden.
- Die Brühe in einem großen Topf mit der Peperoni und der Nuoc-Mâm-Sauce aufkochen. Die Kokosmilch hinzugeben und vorsichtig umrühren. Die Hühnchenstücke hinzufügen und 10 Minuten bei schwacher Hitze sieden lassen. Salzen und pfeffern.
- In Schalen gießen und mit den Frühlingszwiebelstücken bestreuen.

Heiß
servieren

Shrimps mit grünem Curry

In 15 Minuten vorbereitet

10 Minuten Kochzeit

Für 4 Personen

grüne Currypaste
100 g

vorgekochte Shrimps
130 g

rote Paprika
x 1

tiefgekühlte Erbsen
100 g

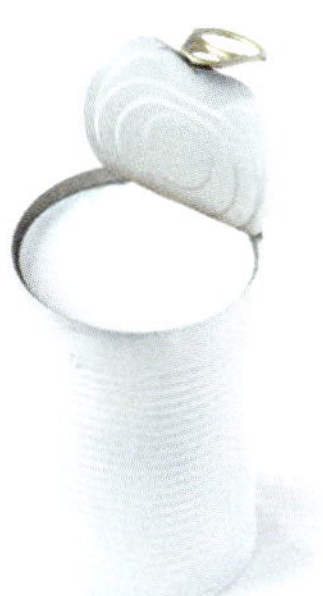

Kokosmilch
500 ml

Koriander
x 4 Stiele

- Die Paprika waschen und in feine Streifen schneiden. 400 ml Wasser mit der Hälfte der grünen Curry-Paste und den Paprikastreifen in einem großen Topf aufkochen. Die Kokosmilch hinzufügen, auf schwache Hitze zurückdrehen und umrühren. Abschmecken und bei Bedarf Curry-Paste hinzufügen.
- Shrimps und Erbsen hinzufügen und 5 – 6 Minuten bei schwacher Hitze sieden lassen. Salzen und pfeffern.
- In Schalen gießen und mit dem grob gehackten Koriander bestreuen.

Heiß
servieren

Phô mit Rindfleisch

In 15 Minuten vorbereitet

15 Minuten Kochzeit

Für 4 Personen

Reisnudeln
160 g

weiches Rindfleisch
200 g

Fleischbrühe
1 l

rote Peperoni
x 1

Frühlingszwiebeln
x 2

frischer Ingwer
90 g

- ○ Die Frühlingszwiebeln waschen und in dünne Scheiben schneiden. Den Ingwer schälen und in dünne Scheiben schneiden. Die Peperoni in feine Stücke und das Rindfleisch in Streifen schneiden.
- ○ Die Reisnudeln nach den Anweisungen auf der Verpackung kochen. Abgießen.
- ○ Die Brühe mit dem Ingwer und der Peperoni in einem großen Topf aufkochen und 10 Minuten sieden lassen.
- ○ Die Nudeln, das Fleisch und die Zwiebeln in Schalen verteilen und in jede Schale eine Suppenkelle heiße Brühe geben.

Heiß
servieren

Blumenkohl, Kokos und Kümmel

In 15 Minuten vorbereitet

20 – 25 Minuten Kochzeit

Für 4 Personen

Blumenkohl
1 kg

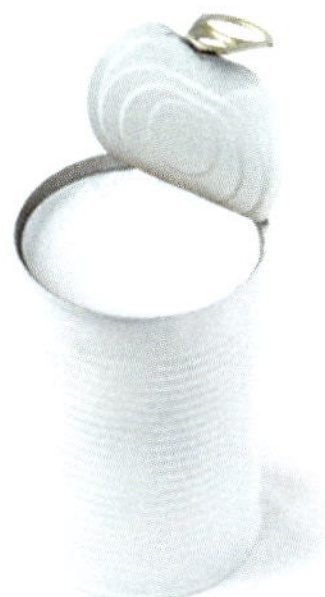

Kokosmilch
200 ml

Kreuzkümmelsamen
2 Teelöffel

Cashew-Nüsse
60 g

Gemüsebrühe
1 l

Koriander
x 4 Stängel

- Die Cashew-Nüsse 4 Minuten in einer Pfanne ohne Öl rösten und dann zerstoßen. Röschen vom Blumenkohl zupfen.
- Die Brühe in einem großen Topf mit dem Blumenkohl aufkochen und 20 Minuten sieden lassen. Den Blumenkohl mit 300 ml Brühe mixen. Die Kokosmilch und die Hälfte der Kümmelkörner hinzufügen und mischen. Gegebenenfalls Brühe hinzufügen. Salzen und pfeffern.
- In Schalen gießen und mit den Cashew-Nüssen, den restlichen Kümmelsamen und dem gehackten Koriander bestreuen.

Heiß
servieren

Indische Suppe

Kartoffeln
700 g

Zucchini
300 g

Mini-Maiskolben
x 1 Dose

Knoblauch
x 2 Zehen

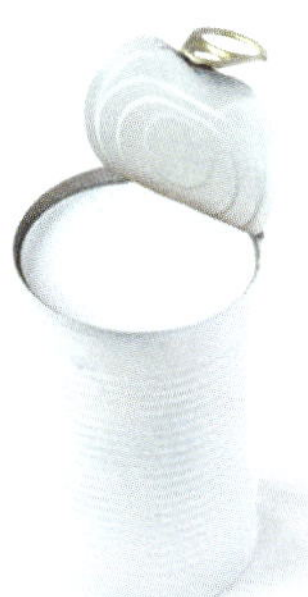

Kokosmilch
500 ml

Tikka Masala-Paste
90 g

In 15 Minuten vorbereitet

25 Minuten Kochzeit

Für 4 Personen

- Die Kartoffeln waschen, schälen und in Scheiben schneiden. 20 Minuten in Salzwasser kochen. Abgießen. Die Zucchini schälen und in Scheiben schneiden. Die Knoblauchzehen schälen und halbieren.

- 300 ml Wasser mit dem Knoblauch und der Hälfte der Tikka Masala-Paste in einem großen Topf aufkochen. Die Kokosmilch und die Zucchini hinzugeben, abschmecken und gegebenenfalls Paste hinzugeben. 15 Minuten sieden lassen. Die Kartoffeln und die abgegossenen Maiskolben hinzufügen und 5 Minuten kochen, salzen und pfeffern.

Heiß
servieren

Dorsch mit gelbem Curry

In 15 Minuten vorbereitet

12 Minuten Kochzeit

Für 4 Personen

Dorschrücken
200 g

gelbe Currypaste
100 g

Zitronengras
x 3 Stangen

Kokosmilch
500 ml

Reisnudeln
150 g

Minze
x 2 Stiele

- Das Zitronengras waschen und halbieren. Den Fisch der Länge nach in zwei Stücke schneiden. Die Reisnudeln nach den Anweisungen auf der Verpackung kochen.

- 400 ml Wasser mit der Hälfte der gelben Curry-Paste und dem Zitronengras aufkochen. Die Kokosmilch hinzugeben, umrühren, abschmecken und gegebenenfalls Curry-Paste hinzufügen. Den Fisch hinzugeben. 12 Minuten bei schwacher Hitze sieden lassen.

- Die Nudeln hinzufügen. Salzen, pfeffern und mit der grob gehackten Minze bestreuen.

Heiß
servieren

Chinesische Suppe

In 15 Minuten vorbereitet

15 Minuten Kochzeit

Für 4 Personen

Hühnerfilets
300 g

Miso-Würfel
60 g

Reisnudeln
150 g

Sojakeimlinge
150 g

Zitronengras
x 3 Stangen

Gemüsefrühlingsröllchen
x 4

- Die Hühnerfilets in Streifen schneiden. Die Sojakeimlinge waschen. Die Zitronengrasstangen waschen und halbieren. Die Frühlingsröllchen halbieren. Die Reisnudeln nach den Anweisungen auf der Verpackung kochen. Abgießen.
- 1 l Wasser mit dem Miso und dem Zitronengras aufkochen (mehr Miso für einen stärkeren Geschmack hinzufügen). Die Hühnchenstreifen hinzufügen und 8 Minuten bei schwacher Hitze sieden lassen. Die Nudeln hinzufügen, salzen und pfeffern.
- Mit Sojakeimlingen und Frühlingsröllchen in Schalen gießen.

Heiß
servieren

Ravioli mit rotem Curry

In 15 Minuten vorbereitet

20 Minuten Kochzeit

Für 4 Personen

frische Ravioli
250 g

rote Currypaste
100 g

Frühlingszwiebeln
x 2

Zucchini
x 1 große

schwarze Sesamsamen
2 Esslöffel

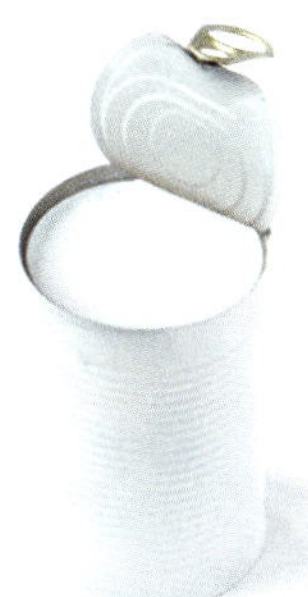

Kokosmilch
500 ml

- Die Frühlingszwiebeln waschen und in kleine Stücke schneiden. Die Sesamsamen 3 – 4 Minuten in einer Pfanne ohne Öl rösten. Die Zucchini waschen und in Stücke von ca. 5 x 2 x 1 cm schneiden.
- 400 ml Wasser mit der Hälfte der roten Curry-Paste in einem großen Topf aufkochen. Die Kokosmilch und die Zucchini hinzugeben. Abschmecken und bei Bedarf Curry-Paste hinzufügen. 10 Minuten bei schwacher Hitze sieden lassen. Die Ravioli hinzufügen und noch 5 Minuten kochen lassen.
- Die Zwiebeln hinzufügen, salzen, pfeffern und mit Sesamsamen bestreuen.

Heiß
servieren

Miso-Suppe mit Champignons

In 15 Minuten vorbereitet

15 Minuten Kochzeit

Für 4 Personen

Miso-Würfel
60 g

Champignons
250 g

Tofu
160 g

Weizennudeln
150 g

Knoblauch
x 2 Zehen

Sesamsamen
2 Esslöffel

- Die Sesamsamen 3 – 4 Minuten in einer Pfanne ohne Öl bei mittlerer Hitze rösten. Die Knoblauchzehen schälen und halbieren. Die Champignons waschen, die Stiele entfernen und die Köpfe vierteln. Den Tofu in Stücke schneiden.
- 1 l Wasser mit dem Miso und dem Knoblauch aufkochen (mehr Miso für einen stärkeren Geschmack hinzufügen).
- Die Nudeln, die Champignons und den Tofu hinzufügen und für ca. 10 Minuten sieden lassen. Salzen, pfeffern und mit den gerösteten Sesamsamen bestreuen.

Heiß
servieren

Miso-Suppe mit Spargel

In 10 Minuten vorbereitet

10 Minuten Kochzeit

Für 4 Personen

Miso-Würfel
60 g

grüner Spargel
x 12

Eier
x 4

Schnittlauch
x ½ Bund

Reisnudeln
150 g

Knoblauch
x 1 Zehe

- Die Eier 7 Minuten kochen. Schälen und die halbierten Eigelbe aufbewahren. Den Schnittlauch waschen und mit der Schere fein schneiden. Den Knoblauch schälen und in kleine Stücke schneiden. Den Spargel unten abschneiden und bis zum Kopf schälen. Der Länge nach halbieren.
- 1 l Wasser mit dem Miso zum Kochen bringen (mehr Miso für einen stärkeren Geschmack hinzufügen). Die Nudeln und den Spargel hinzufügen und dann 5 Minuten kochen lassen. Salzen und pfeffern.
- Mit dem Eigelb und dem Schnittlauch in Schalen gießen.

Heiß

servieren

53

Ramen und Rüben

In 15 Minuten vorbereitet

20 Minuten Kochzeit

Für 4 Personen

Miso-Würfel
60 g

vorgekochte Ramen-Nudeln 350 g

Rote Bete
250 g

Blattspinat
x 1 Handvoll

- Die Rote Bete schälen und in feine Stücke schneiden. 1 l Wasser mit dem Miso und der Roten Bete zum Kochen bringen (mehr Miso für einen stärkeren Geschmack hinzufügen). Für ca. 15 Minuten sieden lassen, salzen und pfeffern.

- 4 Minuten vor Ende der Kochzeit die Ramen-Nudeln hinzugeben. Salzen, pfeffern und die Spinatblätter hinzugeben.

Heiß
servieren

Spinat und Kokosmilch

In 10 Minuten vorbereitet

10 Minuten Kochzeit

Für 4 Personen

Spinatblätter
160 g

Hühnerbrühe
1 l

vorgekochte Ramen-Nudeln 200 g

Knoblauch
x 3 kleine Zehen

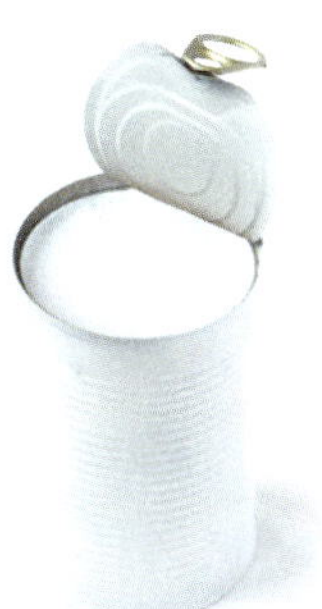

Kokosmilch
100 ml

Sesamöl
4 Esslöffel

- Den Knoblauch schälen und in dünne Stücke schneiden.
- Die Brühe mit den Nudeln und dem Knoblauch in einem großen Topf aufkochen und 4 Minuten sieden lassen.
- Die Kokosmilch, die Spinatblätter und das Sesamöl hinzufügen, salzen und pfeffern.

Heiß

servieren

55

Nudeln, Erbsen und Eier

In 10 Minuten vorbereitet

15 Minuten Kochzeit

Für 4 Personen

Miso-Würfel
60 g

Weizennudeln
120 g

tiefgekühlte Erbsen
100 g

Brokkoli
x 1

Eier
x 2

rote Peperoni
x 1

- Den Brokkoli waschen und die Röschen davon zupfen. Die Peperoni in feine Stücke schneiden.
- Die Eier 6 Minuten in kochendem Wasser kochen, mit kaltem Wasser abschrecken, schälen und halbieren.
- 1,2 l Wasser in einem großen Topf mit dem Miso aufkochen, dann die Nudeln hinzufügen und 5 Minuten sieden lassen. Den Brokkoli, die Peperoni und die Erbsen hinzufügen und noch 5 Minuten sieden lassen. Salzen und pfeffern. In Schalen gießen und mit den Eiern garnieren.

Heiß
servieren

56

Blattsalat, Ingwer und Kokos

In 15 Minuten vorbereitet

10 Minuten Kochzeit

Für 4 Personen

Eisbergsalat
150 g

Weizennudeln
140 g

Hühnerbrühe
1 l

frischer Ingwer
100 g

Kokosmilch
200 ml

Koriander
x 4 Stiele

- Den Eisbergsalat waschen und in Stücke schneiden. Den Ingwer schälen und in Stücke schneiden.
- Die Brühe mit dem Ingwer in einem großen Topf aufkochen. Die Nudeln hinzufügen, 5 Minuten kochen lassen und dann die Kokosmilch hinzufügen.
- Salzen, pfeffern, die Eisbergsalatstücke und den grob gehackten Koriander hinzufügen.

Heiß
servieren

Rote Bete und schwarzer Sesam

Rote Bete
850 g

roter Apfel
x ½

Zwiebel
x ½

Gemüsebrühe
1 l

Olivenöl
1 Schuss

schwarze Sesamsamen
2 Esslöffel

In 10 Minuten vorbereitet

30 Minuten Kochzeit

Für 4 Personen

- Die Sesamsamen 3 Minuten in einem Topf anrösten. Die Rote Bete, den Apfel und die Zwiebel schälen und in Würfel schneiden.
- Einen Schuss Olivenöl in einem großen Topf erhitzen. Die Zwiebel hinzufügen und 4 Minuten bei schwacher Hitze anrösten. Die Bete- und Apfelwürfel und die Brühe hinzufügen. 25 Minuten kochen lassen.
- Mit etwas Kochwasser mischen und nach und nach die gewünschte Konsistenz herstellen. Salzen, pfeffern, dann in Schalen gießen und mit den Sesamkörnern bestreuen.

Heiß
servieren

Karotten und Kurkuma

In 10 Minuten vorbereitet

30 Minuten Kochzeit

Für 4 Personen

Karotten
750 g

Kurkuma-Pulver
1 Teelöffel

Gemüsebrühe
1 l

frischer Ingwer
x 1 Stück von 5 cm

Petersilie
x 3 Stängel

Olivenöl
1 Schuss

- Die Karotten schälen und in feine Scheiben schneiden. Den Ingwer schälen und fein reiben.
- Einen Schuss Olivenöl in einem großen Topf bei schwacher Hitze erhitzen. Das Kurkuma-Pulver, 2 Esslöffel geraspelten Ingwer und die Karotten hinzufügen. 5 Minuten kochen lassen. Die Brühe hinzufügen und ca. 25 Minuten sieden lassen.
- Mit etwas weniger als der Hälfte der Brühe mixen und nach und nach die gewünschte Konsistenz herstellen. Salzen, pfeffern und mit dem gewaschenen und grob geschnittenen Koriander bestreuen.

Heiß
servieren

Artischocken und Rucola

In 10 Minuten vorbereitet

10 Minuten Kochzeit

Für 4 Personen

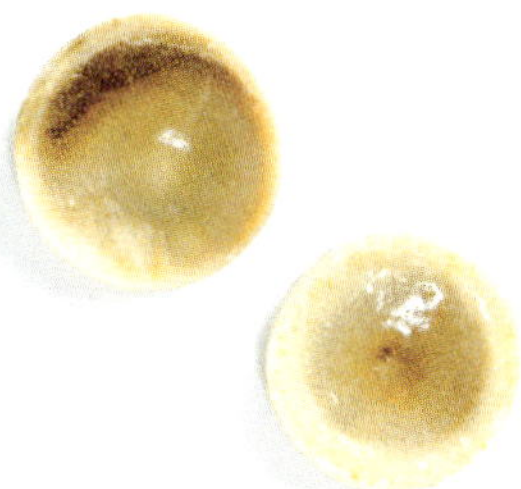

tiefgekühlte Artischockenböden
600 g

Rucola
x 1 Handvoll

Hühnerbrühe
1 l

Zitrone
x ½

Petersilie
x 3 Stiele

Knoblauch
x ½ Zehe

- Die Artischockenböden auftauen und in Stücke schneiden. Die Petersilie grob hacken. Den Knoblauch pressen. Von der halben Zitrone Zesten schaben.
- Die Brühe in einem großen Topf aufkochen, die Artischocken und den Rucola hinzugeben und 5 – 7 Minuten sieden lassen.
- Das Ganze mit einem Teil der Brühe mischen und nach und nach die gewünschte Konsistenz herstellen.
- Salzen, pfeffern und mit den Zitronenzesten und der Petersilie bestreuen.

Heiß
servieren

Brokkoli und Ingwer

In 10 Minuten vorbereitet

15 Minuten Kochzeit

Für 4 Personen

Brokkoli
x 1

frischer Ingwer
x 1 Stück von 5 cm

Hühnerbrühe
1,2 l

schwarzer Rettich
40 g

Koriander
x 3 Stiele

- Den Rettich schälen und in sehr dünne Scheiben schneiden. Röschen vom Brokkoli zupfen. Den Ingwer schälen und reiben, um etwa 1 Esslöffel zu erhalten.
- Die Brühe in einem großen Topf aufkochen. Den Brokkoli und den Ingwer hinzufügen und 10 Minuten bei schwacher Hitze sieden lassen.
- Den Brokkoli mit der Hälfte der Brühe mixen und nach und nach die gewünschte Konsistenz herstellen. Salzen, pfeffern. In Schalen gießen und Rettichscheiben und den grob geschnittenen Koriander hinzugeben.

Heiß
servieren

Knoblauch und Chinakohl

In 10 Minuten vorbereitet

10 Minuten Kochzeit

Für 4 Personen

Knoblauch
x 1 Zehe

Chinakohl
x ½

Zitrone
x ½

Hühnerbrühe
1,2 l

Schnittlauch
x ½ Bund

- Die äußeren Blätter des Kohls entfernen, den Rest in große Stücke hacken (ca. 3 x 4 cm). Den Knoblauch in feine Stücke schneiden und den Schnittlauch fein schneiden. 5 dünne Scheiben Zitrone schneiden.
- Die Brühe in einem großen Topf aufkochen, dann den Chinakohl und die Zitronenscheiben hinzufügen. 5 – 7 Minuten bei schwacher Hitze sieden lassen.
- Den Schnittlauch hinzufügen, salzen und pfeffern.

Kalt
servieren

Grapefruit und Granatapfel

In 25 Minuten vorbereitet

10 Minuten Kochzeit

2 Stunden Ruhezeit

Für 4 Personen

Pink Grapefruits
x 4

Granatapfel
x ½

Nüsse
20 g

Zucker
50 g

Minze
x 2 Stiele

- Die Nüsse in einer Pfanne rösten und dann zerstoßen. Die Granatapfelkörner herauslösen. Die Grapefruits schälen und Filets davon schneiden. Den restlichen Saft auffangen.
- Den Saft und die Hälfte der Grapefruit-Filets mit Zucker aufkochen und dann 10 Minuten kochen lassen. Sieben und mindestens 2 Stunden kaltstellen.
- Die Minzblätter waschen und mit der Schere kleinschneiden. Die Suppe in Schalen gießen und die Filets, die Nüsse, die Granatapfelkerne und die Minze darauf verteilen.

Kalt
servieren

Pflaumen und Feigen

In 20 Minuten vorbereitet

15 Minuten Kochzeit

1 – 2 Stunden Ruhezeit

Für 4 Personen

Pflaumen
350 g

frischer Ingwer
x 1 kleines Stück

Himbeeren
x 12

Feigen
x 3

Chia-Samen
1 Esslöffel

Apfelsaft
700 ml

- Ingwer für 1 Teelöffel schälen und reiben, mit einem Zestenreißer ein paar lange Streifen schneiden. Die Himbeeren waschen und halbieren. Die Feigen waschen und in Streifen schneiden.
- Den Apfelsaft mit dem geriebenen Ingwer und den Pflaumen aufkochen und 15 Minuten sieden lassen. Den Saft sieben und 1 – 2 Stunden kaltstellen.
- Die Suppe in Schalen gießen und die Feigen, die Himbeeren, die Ingwerstreifen und die Chia-Samen darauf verteilen.

Kalt
servieren

Erdbeeren und grüne Zitrone

In 25 Minuten vorbereitet

15 Minuten Kochzeit

1 – 2 Stunden Ruhezeit

Für 4 Personen

Erdbeeren
1 kg

grüne Zitrone
x 1

frischer Ingwer
x 1 Stück von 5 cm

Mandelplättchen
4 Esslöffel

Zucker
60 g

- Die grüne Zitrone waschen und Zesten abschaben, anschließend pressen. Die Erdbeeren waschen und entstielen, 800 g in Stücke schneiden. Ingwer für 2 Esslöffel schälen und reiben. Die Mandeln in einer Pfanne rösten.
- Die halbierten Erdbeeren, den Ingwer, den Zitronensaft und den Zucker zum Kochen bringen und dann 15 Minuten sieden. Den Saft sieben und 1 – 2 Stunden kaltstellen.
- Die Suppe in Schalen gießen, die restlichen geviertelten Erdbeeren, die Mandeln und die Zesten der grünen Zitrone darauf verteilen.

Kalt
servieren

Ananas, Melone und Minze

Ananas
1 kg

Minze
x 2 Stiele

grüne Melone
700 g

Zitrone
x 1

Zucker
50 g

In 25 Minuten vorbereitet

15 Minuten Kochzeit

1 – 2 Stunden Ruhezeit

Für 4 Personen

- Die Haut der Melone entfernen und das Fleisch in Stücke schneiden (bis auf 100 g). Die Ananas schälen, 8 dünne Scheiben schneiden und den Rest in kleine Stücke schneiden. Die Minze waschen und mit der Schere kleinschneiden. Die Zitrone pressen.
- Die Ananas, den Zucker, den Zitronensaft und die Melone zum Kochen bringen und 15 Minuten sieden lassen. Den Saft sieben und 1 – 2 Stunden kaltstellen.
- Die restliche Melone in kleine Würfel schneiden. Die Suppe in Schalen gießen und die Melone, die Ananasscheiben und die Minze verteilen.

Kalt
servieren

Pfirsiche und Pistazien

Pfirsiche
1,1 kg

Pistazien
2 Esslöffel

frischer Ingwer
x 1 Stück von 5 cm

Akazienhonig
4 Esslöffel

Minze
x 2 Stiele

Zucker
2 Esslöffel

In 25 Minuten vorbereitet

15 Minuten Kochzeit

1 – 2 Stunden Ruhezeit

Für 4 Personen

- 1 Pfirsich aufbewahren, die restlichen schälen und in Stücke schneiden. Ingwer für 2 Esslöffel schälen und reiben. Die Pistazien zerstoßen.
- 100 ml Wasser mit den in Stücke geschnittenen Pfirsichen und dem Ingwer in einem großen Topf aufkochen und 15 Minuten sieden lassen. Mischen und 1 – 2 Stunden kaltstellen.
- Die Minze waschen und mit der Schere kleinschneiden. Den aufbewahrten Pfirsich in feine Scheiben schneiden. Die Suppe in Schalen gießen. Die Pfirsichscheiben, die Pistazien, die Minze und den Honig darauf verteilen.

Kalt
servieren

Wassermelone und Brombeeren

In 25 Minuten vorbereitet

10 Minuten Kochzeit

Für 4 Personen

Wassermelone ohne Kerne
1,8 kg

Brombeeren
125 g

Zitrone
x ½

Banane
x 1

Mandeln
30 g

- Die Brombeeren waschen. Die Banane schälen und in Scheiben schneiden. Die Mandeln 10 Minuten bei 180 °C im Ofen rösten und dann zerstoßen. Die Wassermelone in Scheiben schneiden und schälen. 2 Scheiben in Würfel schneiden, den Rest in große Stücke.
- Die großen Melonenstücke mit 1 Esslöffel Zitronensaft mixen. In Schalen gießen und dann die kleinen Melonenwürfel, die Brombeeren, die Banane und die Mandeln darauf verteilen.

Kalt servieren

Kirschen und Mandeln

In 30 Minuten vorbereitet

15 Minuten Kochzeit

1 – 2 Stunden Ruhezeit

Für 4 Personen

Kirschen
900 g

Mandelextrakt
1 Teelöffel

Mandelplättchen
4 Esslöffel

Zucker
3 Esslöffel

Zitrone
x ½

- Die Kirschen waschen und entstielen. Halbieren und entkernen. Die Mandeln 5 Minuten in einer Pfanne bei mittlerer Hitze rösten. Die Zitrone pressen.
- 100 – 150 ml Wasser mit den Kirschen (bis auf 1 Handvoll), 1 Esslöffel Zitronensaft und dem Zucker in einem großen Topf aufkochen und dann 15 Minuten sieden lassen. Das Ganze mischen und das Mandelextrakt hinzugeben. Wasser hinzufügen, falls die Mischung zu dickflüssig ist. 1 – 2 Stunden kaltstellen.
- Die Suppe in Schalen füllen und die Kirschen und die gerösteten Mandeln darauf verteilen.

Kalt

servieren

Heidelbeeren und Erdbeeren

In 25 Minuten vorbereitet

15 Minuten Kochzeit

1 – 2 Stunden Ruhezeit

Für 4 Personen

tiefgekühlte Heidelbeeren
350 g

frische Erdbeeren
750 g

Zucker
50 g

Baisers
x 4 kleine

- Die Erdbeeren waschen, entstielen und in Stücke schneiden (bis auf 150 g).
- Die Erdbeeren, die Heidelbeeren (bis auf 1 Handvoll) und den Zucker in einen großen Topf geben, aufkochen und dann 15 Minuten sieden lassen. Den Saft sieben und 1 – 2 Stunden kaltstellen.
- Die Suppe in Schalen gießen. Die restlichen geviertelten Erdbeeren, ein paar aufgetaute Heidelbeeren und die Baisers darauf verteilen.

Was macht man womit?

ANANAS
Ananas, Melone und Minze 65

APFEL
Karotten und Apfel 34
Pflaumen und Feigen 63
Rote Bete und schwarzer Sesam .. 57
Äpfel und Knollensellerie 18

ARTISCHOCKEN
Artischockencreme 25
Artischocken und Rucola 59

AUBERGINE
Provenzalische Suppe 29

AVOCADO
Avocados, Zitrone und Kümmel 31
Grüne Suppe mit Radieschen 33

BANANE
Wassermelone und Brombeeren . 67

BASILIKUM
Grünkohl und Basilikum 13
Pesto-Suppe 27
Sauerampfer und Basilikum 26
Tomaten, Oliven und Basilikum 22

BLATTSALAT
Blattsalat, Ingwer und Kokos 56

BLATTSPINAT
Minestrone 20
Ramen und Rüben 53
Spinat und Kokosmilch 54

BLUMENKOHL
Blumenkohl, Kokos und Kümmel ... 46
Weiße Minestrone 14

BROKKOLI
Brokkoli und Ingwer 60
Brokkoli und Lachs 37
Nudeln, Erbsen und Eier 55

BROMBEEREN
Wassermelone und Brombeeren .. 67

BROT
Artischockencreme 25
Champignoncreme 8
Grünkohl und Basilikum 13
Gurken und Joghurt 30

CASHEW-NÜSSE
Blumenkohl, Kokos und Kümmel ... 46

CHAMPIGNONS
Champignoncreme 8
Miso-Suppe mit Champignons 51

CHINAKOHL
Knoblauch und Chinakohl 61

CHORIZO
Chorizo und Zuckererbsen 35

CURRY
Dorsch mit gelbem Curry 48
Indische Suppe 47
Kürbis und Curry 1
Lauch und Parmesan 7
Ravioli mit rotem Curry 50
Shrimps mit grünem Curry 44

DILL
Gurken und Joghurt 30
Kalte Suppe mit Schellfisch 42
Krebse, Nudeln und Dill 41

DORSCH
Dorsch mit gelbem Curry 48
Dorsch mit Linsen und Safran 39
Dorsch mit Wildreis 40

EI
Miso-Suppe mit Spargel 52
Nudeln, Erbsen und Eier 55

ERBSEN
Eintopfsuppe (Pot-au-feu) 11
Erbsen und Knollensellerie 19
Karotten und Klößchen 17
Nudeln, Erbsen und Eier 55
Shrimps mit grünem Curry 44
Spargel und Salbei 32

ERDBEEREN
Erdbeeren und grüne Zitrone 64
Heidelbeeren und Erdbeeren 69

ERDNÜSSE
Süßkartoffeln und Pastinaken 5

FEIGE
Pflaumen und Feigen 63

FENCHEL
Tomaten, Fenchel und Feta-Käse .. 23

FETA-KÄSE
Erbsen und Knollensellerie 19
Provenzalische Suppe 29
Tomaten, Fenchel und Feta-Käse .. 23

FRÜHLINGSROLLEN
Chinesische Suppe 49

FRÜHLINGSZWIEBEL
Karotten und Klößchen 17
Phô mit Rindfleisch 45
Ravioli mit rotem Curry 50
Suppe mit Thai-Hühnchen und Kokos 43

GRANATAPFEL
Grapefruit und Granatapfel 62

GRAPEFRUIT
Grapefruit und Granatapfel 62

GRÜNE LINSEN
Dorsch mit Linsen und Safran 39
Spargel, Schinken und Linsen 36
Süßkartoffeln und Pastinaken 5

GRÜNKOHL
Grünkohl und Basilikum 13
Grünkohl und Räucherspeck 12

GRUYÈRE
Grünkohl und Basilikum 13
Kürbis und Ravioli 16

GURKE
Avocados, Zitrone und Kümmel 31
Gazpacho 21
Gurken und Joghurt 30
Kalte Suppe mit Schellfisch 42

HEIDELBEEREN
Heidelbeeren und Erdbeeren 69

HIMBEEREN
Pflaumen und Feigen 63

INGWER
Blattsalat, Ingwer und Kokos 56
Brokkoli und Ingwer 64
Erdbeeren und grüne Zitrone 64
Karotten und Kurkuma 58
Pfirsiche und Pistazien 66
Pflaumen und Feigen 63
Phô mit Rindfleisch 45

JOGHURT
Gurken und Joghurt 30

KAROTTE
Eintopfsuppe (Pot-au-feu) 11
Grünkohl und Basilikum 13
Karotten und Apfel 34
Karotten und Klößchen 17
Karotten und Kurkuma 58
Karotten und Orangen 3
Minestrone 20

KARTOFFELN
Brokkoli und Lachs 37
Champignoncreme 8
Kalte Suppe mit Schellfisch 42
Kartoffeln und Rosmarin 10
Lauch und Kartoffeln 4
Sauerampfer und Basilikum 26

KASTANIE
Kastanien und Knollensellerie 6

KERBEL
Äpfel und Knollensellerie 18
Lauch und Parmesan 7
Zucchini und Pistou 28

KERNE
Karotten und Apfel 34
Pflaumen und Feigen 63

KIRSCHE
Kirschen und Mandeln 68

KLÖSSE
Karotten und Klößchen 17
Karotten und Orangen 3

KNOBLAUCH
Indische Suppe 47
Knoblauch und Chinakohl 61
Miso-Suppe mit Champignons 51
Pesto-Suppe 27
Spinat und Kokosmilch 54

KNOLLENSELLERIE
Äpfel und Knollensellerie 18
Erbsen und Knollensellerie 19
Kastanien und Knollensellerie 6
Knollensellerie und Nüsse 2

KOKOSMILCH
Blattsalat, Ingwer und Kokos 56
Blumenkohl, Kokos und Kümmel 46
Dorsch mit gelbem Curry 48
Indische Suppe 47
Ravioli mit rotem Curry 50
Shrimps mit grünem Curry 44
Spinat und Kokosmilch 54
Suppe mit Thai-Hühnchen und Kokos 43

KORIANDER
Blattsalat, Ingwer und Kokos 56
Blumenkohl, Kokos und Kümmel .. 46
Brokkoli und Ingwer 60
Shrimps mit grünem Curry 44

KREBS
Krebse, Nudeln und Dill 41

KÜMMEL
Avocados, Zitrone und Kümmel 31
Blumenkohl, Kokos und Kümmel ... 46
Gazpacho 21

KÜRBIS
Kürbis und Curry 1
Kürbis und Ravioli 16

KURKUMA
Karotten und Kurkuma 58

LACHS
Brokkoli und Lachs 37

LAUCH
Lauch und Kartoffeln 4

MAIS
Chorizo und Zuckererbsen 35
Indische Suppe 47
Krebse, Nudeln und Dill 41
Lauch und Kartoffeln 4

MANDELN
Erdbeeren und grüne Zitrone 64
Kirschen und Mandeln 68
Spinat und Kiri® 24
Wassermelone und Brombeeren .. 67

MANGOLD
Dorsch mit Wildreis 40

MELONE
Ananas, Melone und Minze 65

MIESMUSCHELN
Miesmuscheln mit Sahne 38

MINZE
Ananas, Melone und Minze 65
Avocados, Zitrone und Kümmel 31
Dorsch mit gelbem Curry 48
Erbsen und Knollensellerie 19
Grapefruit und Granatapfel 62
Pfirsiche und Pistazien 66

MISO
Chinesische Suppe 49
Miso-Suppe mit Champignons 51
Miso-Suppe mit Spargel 52
Nudeln, Erbsen und Eier 55
Ramen und Rüben 53

NUDELN
Krebse, Nudeln und Dill 41
Kürbis und Ravioli 16
Minestrone 20
Weiße Minestrone 14

NÜSSE
Grapefruit und Granatapfel 62
Knollensellerie und Nüsse 2

OLIVEN
Tomaten, Oliven und Basilikum 22

ORANGEN
Karotten und Orangen 3

PAPRIKA
Chorizo und Zuckererbsen 35
Gazpacho 21
Shrimps mit grünem Curry 44

PARMASCHINKEN
Minestrone 20
Spargel, Schinken und Linsen 36
Weiße Minestrone 14

PARMESAN
Äpfel und Knollensellerie 18
Karotten und Klößchen 17
Minestrone 20
Pesto-Suppe 27
Spargel und Salbei 32
Weiße Minestrone 14

PASTINAKE
Süßkartoffeln und Pastinaken 5
Tomaten, Oliven und Basilikum 22

PEPERONI
Lauch und Kartoffeln 4
Lauch und Parmesan 7
Nudeln, Erbsen und Eier 55
Phô mit Rindfleisch 45
Suppe mit Thai-Hühnchen und Kokos 43

PETERSILIE
Artischocken und Rucola 59
Artischockencreme 25
Brühe mit Bohnen 15
Champignoncreme 8
Grüne Suppe mit Radieschen 33
Karotten und Kurkuma 58
Kastanien und Knollensellerie 6
Miesmuscheln mit Sahne 38
Spargel, Schinken und Linsen 36

PFIRSICH
Pfirsiche und Pistazien 66

PFLAUMEN
Zwetschgen und Feigen 63

PINIENKERNE
Pesto-Suppe 27
Sauerampfer und Basilikum 26

PISTAZIEN
Pfirsiche und Pistazien 66

PISTOU
Zucchini und Pistou 28

PUTE
Chinesische Suppe 49
Suppe mit Thai-Hühnchen und Kokos 43

QUINOA
Knollensellerie und Nüsse 2
Spinat und Kiri® 24

RADIESCHEN
Grüne Suppe mit Radieschen 33

RAMEN-NUDELN
Ramen und Rüben 53

REISNUDELN
Chinesische Suppe 49
Dorsch mit gelbem Curry 48
Miso-Suppe mit Spargel 52

Phô mit Rindfleisch 45
Spinat und Kokosmilch 54

RETTICH
Brokkoli und Ingwer 60

RINDFLEISCH
Phô mit Rindfleisch 45

ROQUETTE-KÄSE
Artischocken und Rucola 59
Grüne Suppe mit Radieschen 33

ROSENKOHL
Brühe mit Bohnen........................... 15

ROSMARIN
Kartoffeln und Rosmarin................. 10

SAFRAN
Dorsch mit Linsen und Safran 39

SALBEI
Spargel und Salbei 32

SAUERAMPFER
Sauerampfer und Basilikum.......... 26

SCHELLFISCH
Kalte Suppe mit Schellfisch 42

SCHMELZKÄSE
Spinat und Kiri® 24

SCHNITTLAUCH
Brokkoli und Lachs 37
Karotten und Orangen 3
Knoblauch und Chinakohl 61
Kürbis und Curry 1
Kürbis und Ravioli 16
Miso-Suppe mit Spargel 52
Tomaten, Fenchel und Feta-Käse .. 23

SENF
Grünkohl und Räucherspeck 12

SESAM
Miso-Suppe mit Champignons 51
Ravioli mit rotem Curry 50
Rote Bete und schwarzer Sesam ... 57

SESAMÖL
Brokkoli und Lachs 37
Kürbis und Curry 1
Spinat und Kokosmilch 54

SHRIMPS
Shrimps mit grünem Curry 44

SPARGEL
Spargel, Schinken und Linsen 36
Spargel und Salbei 32

SPECK
Eintopfsuppe (Pot-au-feu) 11
Grünkohl und Räucherspeck 12

SPINAT
Spinat und Kiri® 24

STECKRÜBE
Ramen und Rüben 53
Rote Bete und schwarzer Sesam ... 57

SÜSSKARTOFFEL
Süßkartoffeln und Pastinaken 5

THYMIAN
Eintopfsuppe (Pot-au-feu) 11
Süßkartoffeln und Pastinaken 5
Zwiebelsuppe 9

TOFU
Miso-Suppe mit Champignons 51

TOMATE
Gazpacho 21
Krebse, Nudeln und Dill 41
Tomaten, Fenchel und Feta-Käse .. 23
Tomaten, Oliven und Basilikum 22

WASSERMELONE
Wassermelone und Brombeeren .. 67

WEISSE BOHNEN
Brühe mit Bohnen........................... 15
Chorizo und Zuckererbsen 35

WEISSWEIN
Artischockencreme 25
Dorsch mit Linsen und Safran 39
Miesmuscheln mit Sahne 38

WEIZENNUDELN
Blattsalat, Ingwer und Kokos 56
Miso-Suppe mit Champignons 51
Nudeln, Erbsen und Eier 55

WILDREIS
Dorsch mit Wildreis 40

ZITRONE
Ananas, Melone und Minze 65
Artischocken und Rucola 59
Avocados, Zitrone und Kümmel 31
Erdbeeren und grüne Zitrone 64
Grüne Suppe mit Radieschen 33
Kirschen und Mandeln 68
Knoblauch und Chinakohl 61

ZITRONENGRAS
Chinesische Suppe 49
Dorsch mit gelbem Curry 48

ZUCCHINI
Indische Suppe 47
Provenzalische Suppe 29
Ravioli mit rotem Curry 50
Zucchini und Pistou 28

ZUCKERERBSEN
Chorizo und Zuckererbsen 35
Dorsch mit Wildreis 40

ZWIEBEL
Zwiebelsuppe 9

Die Originalausgabe erschien 2016 unter dem Titel:
Soupes Super Facile

Postbus 72, 5330 AB Kerkdriel, Niederlande

Produktion der deutschsprachigen Ausgabe:
Tanja Timmerman vertaling & redactie
Übersetzung: Judith Muhr
Satz: Elixyz Desk Top Publishing

Printed in Slovenia

ISBN: 978-90-8998-829-4